Créer une nouvelle mythologie

Tolkien a pour projet de créer de toutes pièces une nouvelle mythologie, destinée à l'Angleterre. Fasciné par les récits épiques, en particulier par la saga de *Beowulf*, un poème épique anglo-saxon du Xe siècle, il déplore en effet que son propre pays ne dispose pas d'un véritable cycle mythologique national, comparable à l'épopée de *Siegfried*. Même le cycle du Graal et du Roi Arthur, situé a priori sur les îles britanniques, ne trouve pas grâce à ses yeux car il considère, à juste titre, qu'il s'agit là avant tout d'une mythologie française.

Son projet ne s'arrête pas là. Fasciné par les structures des langues, aussi bien anciennes (comme un dialecte moyen anglais des West Midlands, dont il va devenir un spécialiste) que des langues européennes plus exotiques comme le Finnois, Tolkien va très tôt se mettre à créer de toutes pièces des langues imaginaires, avec des racines, une grammaire, une syntaxe, jusqu'à un niveau d'élaboration assez élevé. Ces essais de langues imaginaires vont donner naissance aux langues des elfes dans ces premiers essais poétiques, puis dans *Le Livre des Contes Perdus* qui deviendra *Le Silmarillion*. Tolkien part en effet du principe que le langage est à la source de toute création, y compris bien sûr des récits

Édition ancienne de Tales of the heroic ages : Siegfried and Beowulf.

mythologiques. Le premier véritable langage ainsi élaboré par Tolkien est ce qu'il nomme le « Quenya », très influencé par le Finnois. Un autre de ces langages est le « Sindarin », plus influencé par le Gallois. Ce sont principalement ces dialectes qui seront utilisés pour les noms de lieux et de personnes dans l'élaboration du *Silmarillion*.

L'idée de créer une nouvelle mythologie n'est certes pas neuve dans l'histoire de la littérature de l'imaginaire. Howard Phillips Lovecraft avait déjà progressivement élaboré ce que l'on a coutume d'appeler le « Mythe de Cthulhu » ou le « Cycle des Grands

Anciens », dispersé dans ses nouvelles. Au début du siècle, Lord Dunsany avait également imaginé le cycle des « Dieux de Pegana ». Mais jamais encore une tentative littéraire de ce genre n'avait été portée par une telle ambition d'universalité.

UNE ŒUVRE INACHEVÉE

Pour les lecteurs qui ont découvert Tolkien par ses ouvrages ultérieurs, le choc peut être rude en abordant *Le Silmarillion*. En effet, ce qui était dans l'esprit de son auteur son « grand œuvre » n'appartient pas vraiment au genre romanesque. Il s'agit d'une compilation de textes divers écrits sur

Couverture illustrée par Ted Nasmith.

une longue période. À bien des égards, il s'agit d'une tentative de produire un ouvrage comparable aux chroniques propres à la mythologie, y compris aux récits bibliques. Pour Tolkien, profondément catholique, il n'y a pas là de contradiction. De fait, sa cosmogonie reprend l'idée fondamentale d'un Dieu Unique, duquel découle toute la Création.
Même s'il y a travaillé de manière continue durant toute sa vie, *Le Silmarillion* est resté inachevé et inédit jusqu'à la mort de Tolkien. L'édition connue aujourd'hui est due à son fils, Christopher, qui a réuni et classé les textes disponibles et les a publiés quatre ans après le décès de son père. Cet aspect fragmentaire, accentué par la publication ultérieure d'autres textes inédits, renforce la difficulté d'appréhension du texte, mais ajoute paradoxalement une forme d'authenticité. Parcourir les récits du Premier Âge procure l'impression de découvrir et de reconstituer des textes anciens, immémoriaux. Pour Tolkien, il s'agissait de l'œuvre de sa vie. Son destin littéraire va cependant prendre une autre orientation.

LE SILMARILLION : LES CONTES DU PREMIER ÂGE

Le Silmarillion s'ouvre sur deux courts récits décrivant la Création du Monde : *Ainulindalë* et *Valaquenta*. Au commencement se trouvait un dieu suprême,

INTRODUCTION

One Ring to rule them all,
One Ring to find them,
One Ring to bring them all,
and in the darkness bind them.

Éminent universitaire d'Oxford spécialisé dans la linguistique, J.R.R. Tolkien n'aurait jamais dû voir sa renommée dépasser le cadre étroit et austère de la célèbre université. Il est devenu l'auteur de l'un des livres contemporains les plus lus dans le monde après la Bible. Qu'un estimable mais obscur professeur ait atteint ce degré de célébrité n'est pas le seul paradoxe de sa vie. Tolkien n'a en effet jamais réussi à terminer le livre qui lui tenait le plus à cœur. Dans le même temps, il a cependant réussi à créer de toutes pièces une mythologie pour le XXe et peut-être aussi pour le XXIe siècle.

© D.F.

Les parents de J.R.R. Tolkien en Afrique du Sud.

J.R.R. Tolkien, 1911.

© D.R.

QUI EST TOLKIEN ?

John Ronald Reuel Tolkien est né en Afrique du Sud en 1892, où son père était en poste dans une banque. Trois ans après sa naissance, la famille rentre en Angleterre, sauf le père qui meurt sur place un an plus tard. L'enfance de Tolkien est marquée essentiellement par plusieurs déménagements, une situation financière parfois délicate, et surtout par la conversion de sa mère à la religion catholique, événement qui aura une grande portée sur sa philosophie personnelle. Lorsque sa mère meurt en 1904, Tolkien est confié à un précepteur. Très tôt, Tolkien montre des dons pour les langues et les langages anciens. En 1910, il intègre le collège Exeter d'Oxford. Au cours de ses études, il se lie intimement avec un groupe d'amis étudiants, dont la plupart seront fauchés durant la Grande Guerre. Lorsqu'elle éclate, il est diplômé d'Oxford. Il se marie en 1916. Après la guerre, Tolkien, profondément marqué, va connaître

Le collège Exeter à Oxford où Tolkien est étudiant.

La bibliothèque du collège Merton à Oxford où Tolkien enseigne et écrit.

quelques périodes difficiles sur le plan professionnel, avant d'être nommé professeur d'anglo-saxon à Oxford, en 1925. Il y fera toute sa carrière, menant la vie paisible et sans originalité d'un universitaire ordinaire.

Son amour des langues l'avait toutefois déjà conduit à écrire quelques poèmes. Cependant ce n'est qu'en 1917 qu'il commence véritablement à écrire de manière régulière, élaborant minutieusement, mais de manière décousue, un projet gigantesque.

LE SILMARILLION

Nous sommes en 1917, au milieu de la Première Guerre mondiale. Un jeune sous-officier anglais nommé Tolkien, âgé de 25 ans, est en convalescence en Angleterre, suite à une maladie attrapée dans les tranchées. Il entame alors l'écriture d'un conte intitulé *La chute de Gondolin*, destiné à être inséré dans un ensemble plus large *Le Livre des Contes Perdus*. Sans le savoir encore, il entame l'une des plus extraordinaires aventures littéraires du XXe siècle, qu'il poursuivra jusqu'à son décès en 1973. *Le Livre des contes perdus* est en effet le premier titre d'une œuvre gigantesque, tant par son propos que par son ambition. Il aura pour titre définitif *Le Silmarillion*.

Couverture illustrée par Ted Nasmith.

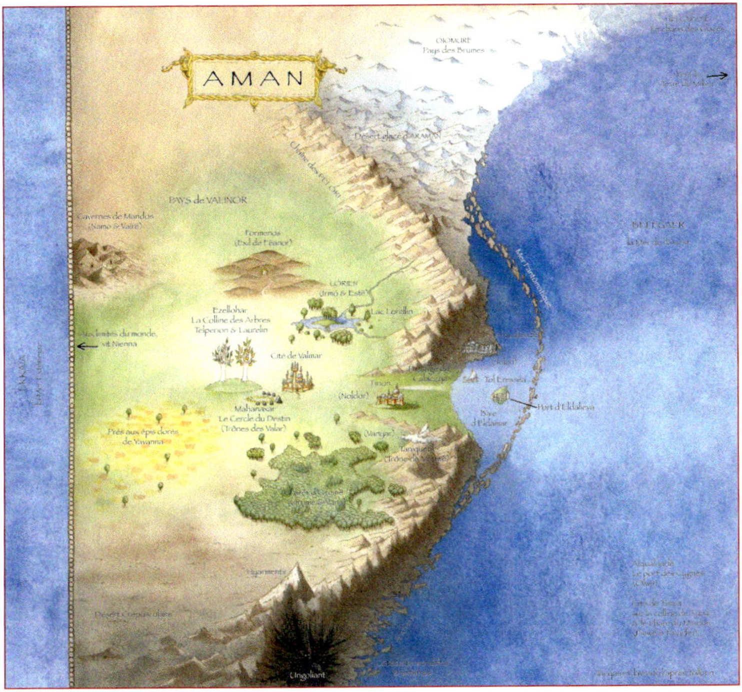

L'île d'Aman, pays des Valar, nommée aussi « Le Royaume Bienheureux ».
Dessin de Jacques Clavreul.

Eru, ce qui signifie L'Unique, appelé Ilùvatar par les Elfes. Eru crée par sa seule pensée les Ainur, des êtres divins. Ensemble, ils composent une musique cosmique qui donne naissance à l'Univers. Mais le plus puissant des Ainur, Melkor, tente de créer un thème musical personnel sans chercher l'harmonie avec les autres. Dès lors, une dissonance s'installe et l'univers créé ne sera jamais conforme au plan idéal. Une fois la Terre, nommée Arda, créée, certains des Ainurs choisissent d'y descendre. Des puissances célestes de second rang voient également le jour : les Maiar. Sur la Terre, les Elfes sont les « Premiers Nés » et les humains les « successeurs ». Systématiquement, Melkor œuvre individuellement en nuisant à l'harmonie du monde, convoitant Arda pour lui seul. Il est finalement combattu et devient le seigneur des ténèbres. Les Elfes l'appellent alors Morgoth, ce qui signifie le Noir Ennemi.

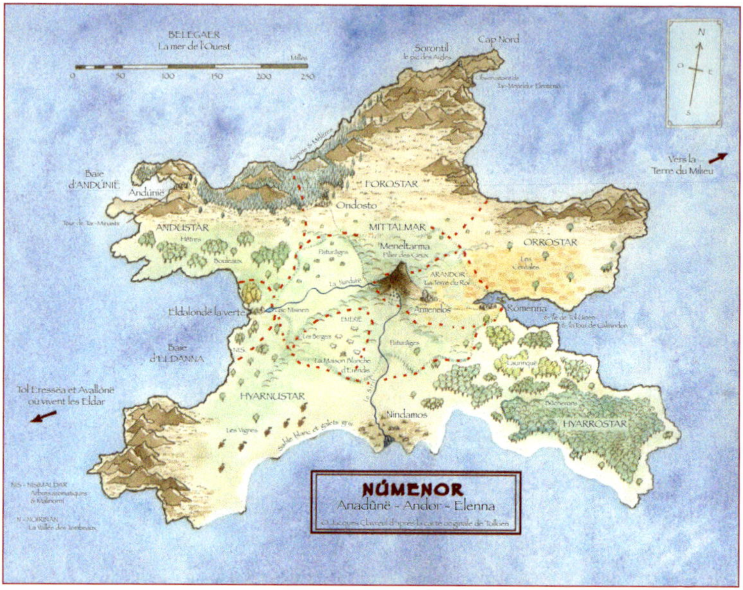

L'île de Númenor. Dessin de Jacques Clavreul.

Après ces deux récits s'ouvre enfin le cœur de l'ouvrage, dont le véritable nom est *Quenta Silmarillion*, c'est-à-dire « l'histoire des Silmarils ». L'ouvrage est situé au Premier Âge du monde. Les récits qui le composent sont d'une grande complexité et rythmés par les conflits continuels entre les Dieux (les Valar) et Melkor (alias Morgoth). Discordes qui modifient régulièrement la forme même d'Arda, la terre. Après plusieurs batailles titanesques, Melkor est enchaîné aux confins du monde. Débute alors un véritable Âge d'Or. Les Valar résident dans leur propre royaume, Valinor, sur l'île d'Aman, illuminée par deux arbres de lumière, l'un d'or et l'autre d'argent. Les Elfes croissent en puissance et en sagesse. Le Prince des Elfes crée alors les Silmarils, trois joyaux magiques, symboles du génie de son peuple. Mais une fois Melkor échappé, celui-ci reprend son entreprise de destruction systématique. Il coupe les arbres des Valar, ce qui amène en compensation la création du soleil et de la lune. Puis Melkor vole les Silmarils en commettant un meurtre. Les descendants des princes elfes poursuivent alors Melkor. Débute ainsi un cycle de guerre et de vengeance dont l'objet est la possession des joyaux.

C'est dans le cycle que se situe l'épisode de la « Chute de Godolin », un des premiers textes écrits par Tolkien, très fortement inspiré par son expérience de la Première Guerre mondiale. Une suprême alliance vient à bout de Melkor/Morgoth. Elle est rendue possible par Eärendil, héros mi-elfe, mi-humain qui renonce volontairement au Silmaril qu'il possède encore, ce qui lui vaut la bienveillance des Valar. À la fin, Morgoth est précipité dans le Néant, mais son premier serviteur, Sauron, réussit à s'échapper. Le *Quenta Silmarillion* est complété par un récit situé au Second Âge, intitulé *Akallabeth*, et sous-titré *La Chute de Númenor*. Très influencé par le mythe de l'Atlantide, ce récit raconte comment les humains restés fidèles aux Valar, dans la lutte contre Morgoth, furent récompensés. Il leur fut offert une île, Númenor, et de très grands enseignements en sagesse. Les Númenoriens connaissent à leur tour un âge d'or. Mais Sauron réapparaît et parvient à les persuader d'attaquer Valinor, la cité des Valar. La colère des Dieux est terrible : un cataclysme gigantesque engloutit Númenor. Suite à ce cataclysme, la Terre change de forme ; elle devient ronde. Les survivants de Númenor partent alors fonder des royaumes dans la Terre du Milieu (origine de Gondor), tandis que Valinor reste désormais à jamais inaccessible.

BILBO LE HOBBIT

UN CONTE POUR ENFANTS

En 1930, J.R.R. Tolkien est désormais un professeur installé à Oxford. *Le Silmarillion* est resté dans les limbes, mais l'auteur enseigne, écrit et publie régulièrement. Parfois ce sont des poèmes, mais la plupart du temps ce sont des ouvrages savants, articles ou préfaces. Il réalise ainsi également une édition d'un ouvrage classique, *Sire Gauvain et le Chevalier Vert*.

L'imagination de Tolkien est toujours féconde. Un jour, sur le coin d'une feuille, il écrit ceci : « Dans un trou vivait

Couverture d'une bande dessinée,
The Hobbit, *illustrée par David Wenzel.*

J.R.R. Tolkien.

un Hobbit ». De cette simple phrase sortira le premier véritable roman de l'auteur, *The Hobbit*, devenu en français *Bilbo le Hobbit*. Cet ouvrage n'a rien à voir a priori avec l'énorme somme mythologique que doit constituer *Le Silmarillion*. Il s'agit avant toute chose d'un conte pour enfants dans le style d'un « conte de fées » (même s'il n'y a pas de fée) ou, pour employer un terme utilisé par Tolkien, d'une « Faërie ». Le Hobbit est un personnage de petite taille (environ celle d'un enfant de neuf ans). Le style littéraire est simple, avec de nombreuses adresses au lecteur, ponctué de touches humoristiques.

LA TERRE DU MILIEU, LES HOBBITS ET GANDALF

The Hobbit raconte l'histoire de Bilbo qui vit confortablement dans son luxueux trou. Un jour, le magicien Gandalf l'entraîne presque malgré lui dans une incroyable aventure. Il doit accompagner un groupe de nains, désireux de récupérer leur trésor dérobé par un

Thorin découvre la carte aux trésors. Dessin de Patrick Gély.

© Patrick Gély

Bilbo rêvant à sa fenêtre par Patrick Gély. Dessin de Patrick Gély.

dragon. Pour cela, ils ont besoin d'un « cambrioleur » : ce sera Bilbo, en qui Gandalf devine un grand potentiel. Après de nombreuses aventures, qui prennent des proportions gigantesques, jusqu'à la « Bataille des cinq Armées », Bilbo, plus riche et plus sage, rentre chez lui.

Pris individuellement, *Bilbo le Hobbit* est un splendide roman d'aventures pour la jeunesse. Tolkien y inclut de nombreux éléments familiers des contes et légendes classiques. Il s'agit à la base d'une histoire de quête. On voit cependant poindre les valeurs morales de Tolkien, pour qui tout désir de possession est néfaste. Ainsi, la bataille finale est déclenchée par l'ivresse de possession du seigneur des nains, malgré les efforts de Bilbo pour le raisonner. Avec le recul, on y devine bien sûr également l'ébauche des éléments qui constitueront *Le Seigneur des Anneaux*. Toutefois, les personnages n'y sont encore que rapidement ébauchés. Gandalf, par exemple, est un magicien intelligent et rusé, mais loin de sa stature ultérieure.

À bien des égards, *Bilbo* est une œuvre de transition. Tolkien y découvre son talent pour la narration. Dans le même temps, presque par effraction, se glissent des éléments issus de la mythologie du *Silmarillion* : les Elfes, bien sûr, mais également le mystérieux personnage du nécromancien qui n'est autre que Sauron. Ce qui au départ n'était qu'un conte anodin prend finalement place dans le Troisième Âge du Monde imaginé par Tolkien.

Bande dessinée de Bilbo Le Hobbit, *illustrée par David Wenzel.*

ANNEAU ET DRAGON

Dans son récit, Tolkien utilise donc de nombreux éléments issus de diverses traditions, contes et légendes. Le Hobbit, par exemple, qu'il ne faut pas confondre avec un nain, est une variante des légendes sur le « petit peuple » vivant dans les campagnes reculées, et dont Arthur Machen a donné une vision effrayante. D'autres sont issus du *Silmarillion*. Mais deux éléments sont particulièrement importants. Le premier est le dragon, car c'est la seule fois que dans l'imaginaire « tolkienien » apparaît cette créature fabuleuse (évoquée au détour d'un dialogue dans *Le Seigneur des Anneaux*). Son rôle et sa fonction sont identiques à celui de la légende de Siegfried : défendre un trésor. Mais Tolkien décale habilement le mythe. D'une part parce que Bilbo est loin d'être un nouveau Siegfried, d'autre part parce que le but de la quête est bien près de mener au désastre : la mort du dragon, la prise de possession du trésor, amène un autre conflit.

J.R.R. Tolkien.

L'autre élément fondamental est la découverte par Bilbo d'un anneau magique, possédant le pouvoir de rendre invisible. Rien de nouveau non plus : de l'anneau de Gygès au heaume d'invisibilité de Siegfried, ce mythe est largement répandu. Mais la manière dont Bilbo gagne l'anneau, face à la créature Gollum, son usage et surtout l'énigme de son origine auront de très grandes conséquences dans la suite de l'œuvre de Tolkien.

UN BEST-SELLER INATTENDU

Tolkien rédige en grande partie son ouvrage, puis le laisse inachevé, comme s'il n'y attachait en fait que peu d'importance. Des années plus tard, un peu par hasard et grâce à la médiation d'une de ses étudiantes, l'ouvrage est proposé avec succès à un éditeur, George Allen & Unwin. Tolkien achève son manuscrit en 1936 et le livre est finalement publié à l'automne 1937. Il remporte un succès immédiat et est épuisé dès Noël. Les réimpressions seront suivies d'une nouvelle édition, elle-même plusieurs fois réimprimée. Le *Hobbit* est définitivement un best-seller. Il faudra cependant attendre la fin des années soixante pour que le livre soit traduit et publié en France !

Bilbo face à Gollum. Dessin de Patrick Gély.

LA COMTÉ COMME UTOPIE

Même s'il ne s'agit pas de sa référence principale, l'œuvre de Tolkien se rapproche beaucoup de la littérature utopique, dans la lignée de Tomas More, Ludwig Holberg ou de Jonathan Swift. C'est dans la description de la Comté que Tolkien fait véritablement œuvre d'utopiste, en détaillant minutieusement l'organisation du pays des Hobbits.

Il s'agit d'une forme de société autogérée et écologiste. Il n'y a pas d'État ou de gouvernement ni, semble-t-il, de religion. La police se réduit à quelques gardes champêtres et le Maire a surtout une fonction honorifique. Selon l'expression de Tolkien, « Les familles géraient pour la plus grande part leurs propres affaires ».

Ce n'est pas pour autant une société communautariste ou égalisatrice.

Le Seigneur des Anneaux © New Line Cinema

Habitations de Hobbits dans la Comté.

© Ralph Bakshi (1978)

La Comté. Dessins de pré-production pour le dessin animé de R. Bakshi.

Il y a des Hobbits plus riches que d'autres. Mais toujours selon Tolkien, ils sont plutôt d'un naturel généreux. Surtout, ils vivent en harmonie avec la nature et refusent toute forme de « machinisme » ou d'industrie, ce qui représente pour Tolkien une des principales formes du Mal. Il ne s'agit pas pour autant d'une société idéale. Tolkien utilise une autre fonction de la littérature utopique pour parler de son propre pays auquel la Comté fait irrésistiblement penser : celle de la satire et de la critique sociale. Vivant dans une forme d'insularité, les Hobbits sont indifférents au reste du monde, méfiants, ce qui les rend extrêmement conservateurs, et même xénophobes. C'est pourquoi cette société figée manque de peu d'être anéantie, en raison même de son immobilisme.

LE « CONTE DE FÉES » SELON TOLKIEN

Tolkien s'est plusieurs fois expliqué sur sa conception des contes de fées qui selon lui peuvent très bien, comme c'est souvent le cas, ne contenir aucune fée. C'est pourquoi il préfère utiliser le terme de *Fäerie.* Pour lui, le conte de fée ne doit pas être confondu avec une histoire pour les enfants ; il doit répondre à plusieurs fonctions.

Le Seigneur des Anneaux © New Line Cinema

Gollum.

Les plus évidentes sont celles de **l'évasion** (c'est-à-dire de la distraction) et de **la consolation**. C'est à cette fonction qu'appartient ce que Tolkien nomme « L'Eucatastrophe », soit l'inverse d'une tragédie. Dans un conte de fée, alors que tout semble perdu, désespéré, la catastrophe annoncée se transforme soudain en fin heureuse.

Une autre fonction importante est celle du « **recouvrement** ». Un mécanisme qui permet au lecteur ou à l'auditeur du conte de retrouver certaines vérités philosophiques éternelles que le monde quotidien a tendance à occulter, voire à dénigrer.

Enfin, la fonction la plus importante est celle de **la fantaisie**. Son monde doit être crédible, construit, vraisemblable. Tolkien refuse l'utilisation du rêve pour justifier ce monde de la fantaisie. Au contraire, il théorise la création d'un véritable « Monde Secondaire » par l'imagination humaine, en reliant cette activité de création à ses propres convictions religieuses : « La fantaisie demeure un droit humain : nous créons dans cette mesure et à notre manière dérivée, parce que nous sommes créés, mais créés à l'image et à la ressemblance d'un Créateur ».

Le Seigneur des Anneaux © New Line Cinema

La monture ailée des Nazgûls.

LE SEIGNEUR DES ANNEAUX

GENÈSE D'UNE « SUITE » AU *HOBBIT*

Devant le succès du *Hobbit*, l'éditeur de Tolkien lui demande rapidement un nouvel ouvrage. Tolkien y voit immédiatement l'opportunité de publier, enfin, son grand ouvrage encore inachevé, *Le Silmarillion*. Il n'y parvient cependant pas. Ce vaste ouvrage néo-mythologique était trop différent de son *best-seller*, et trop complexe. De fait, on attend de lui une autre histoire de Hobbit.

Le Seigneur des Anneaux © New Line Cinema

Aragorn.

Tolkien se met alors à rédiger ce qui était au départ une suite directe aux aventures de Bilbo. Le premier chapitre du nouvel ouvrage fait d'ailleurs directement référence au début du livre. Le postulat de départ était de passer le relais de Bilbo à son neveu, Frodo, et de prendre comme objet de la quête le mystérieux anneau « gagné » par Bilbo dans son aventure. Celle de Frodo devait prendre, comme celle de son oncle, la forme d'un aller et retour inattendu.

Mais rapidement, l'ouvrage de Tolkien se met à prendre des proportions surprenantes pour son éditeur comme pour lui-même. L'anneau magique devient l'Anneau Unique perdu par Sauron, ancien serviteur de Morgoth, ce qui lie l'aventure de Frodo à la grande mythologie créée par Tolkien depuis *Le Silmarillion*. Des personnages nouveaux font progressivement leur apparition sans que Tolkien ne sache a priori quel est leur rôle (ainsi, Aragorn, n'était au départ qu'un simple un « Rôdeur », avant que Tolkien ne découvre au cours de l'écriture qu'il pouvait occuper une place majeure en Terre du Milieu). Les lettres de Tolkien témoignent de cette création continue.

Voyant que son roman se met à prendre une dimension nouvelle, Tolkien multiplie également les recherches dans les détails, afin que tout soit d'une cohérence absolue. De

Uruk – Hai.

ce fait, *Le Seigneur des Anneaux*, dont les premières ébauches ont été tracées dès 1937, ne sera finalement achevé qu'en 1949, et l'édition des deux premiers volumes (*La Communauté de l'anneau* et *Les Deux tours*) n'interviendra qu'en 1954. Le troisième et dernier tome, *Le Retour du Roi*, sera édité en 1955. Dans son ensemble, le roman fait plus de mille pages !

UN UNIVERS TOTAL

Rappelons le résonnement du *Seigneur des Anneaux*. Le Seigneur Ténébreux, Sauron, a retrouvé presque toute sa puissance d'antan et menace la Terre du Milieu. Il ne lui manque que l'Anneau de Pouvoir, qu'il a lui-même forgé en y insufflant une grande partie de sa force vitale, et qui lui a été dérobé à la fin du Second Âge. Gandalf découvre que cet anneau n'est autre que celui de Bilbo qui l'a transmis à Frodo. L'anneau doit impérativement être détruit là où il a été forgé, dans la Montagne du Destin, car cette destruction provoquera du même coup la chute de Sauron. Frodo part pour cette aventure, accompagné d'une petite compagnie formée de représentants des différents peuples libres de la Terre du Milieu. Parmi eux se trouve Aragorn, dernier descendant des Rois

d'antan. Quantité d'aventures et de batailles dessineront leur chemin…

L'art de Tolkien trouve désormais sa pleine mesure. À bien des égards, *Le Seigneur des Anneaux* est un ouvrage d'une radicale singularité. Sur le fond, il s'agit d'un récit de quête, mais d'une quête inversée : ce n'est plus la découverte ou l'obtention d'un objet qui est en jeu (comme la Toison d'Or ou le trésor de Smaug), mais au contraire sa destruction. Tout désir de possession de l'Anneau amène au malheur. La construction dramatique est également inédite. À la fin du premier volume, la communauté étant dispersée, chaque partie est consacrée au destin de tel ou tel groupe, avec des ellipses d'une partie à l'autre, ce qui permet de suivre plusieurs fois les événements selon divers points de vue.

Figurine représentant un Troll.

Couverture illustrée par les frères Hildebrandt.

Mais surtout, Tolkien parvient à créer un univers total. Il vérifie chaque détail avec la plus grande minutie, allant jusqu'à élaborer un calendrier pour vérifier si les phases de la lune ne sont pas contradictoires d'un chapitre à l'autre. Il établit des généalogies complètes, des langues et des alphabets, mais vérifie aussi les recettes de cuisson du lapin. Enfin, Tolkien a recourt à un procédé littéraire particulièrement efficace, consistant à inscrire chaque événement, chaque personnage, dans la continuité d'événements situés dans un passé fort lointain, dont il ne livre que quelques bribes dispersées au hasard d'un dialogue ou d'une description. De tous ces procédés résulte un intense effet de réel : présenté comme une chronique historique des temps anciens, le roman atteint et même dépasse son but. Pour répondre à la demande des lecteurs subjugués, Tolkien a même dû régulièrement compléter son ouvrage par une série d'annexes, concernant les langues, les calendriers, et tous ces éléments qui participent d'un mécanisme de croyance volontaire.

Une mythologie universelle

Tel est bien là l'exploit de Tolkien : parvenir à créer une nouvelle mythologie pour l'époque contemporaine. Pour se faire, il recycle un grand nombre de figures mythiques faisant partie de l'imaginaire occidental. Multiples sont les références. Gandalf, le magicien conseiller du futur Roi, évoque bien sûr Merlin. Aragorn est tout à la fois le roi Arthur, mais aussi Lancelot, tandis que Frodo serait plus proche de Perceval. Les Nains, l'anneau, l'épée reforgée se rattachent au cycle des Nibelungen. Le *Voyage Initiatique* qui conduit Frodo à une forme d'immortalité se retrouve dans tous les récits symboliques. En fait, *Le Seigneur des Anneaux* utilise, de manière consciente ou non, tous les grands archétypes de l'imaginaire occidental. Mais de plus, Tolkien fait passer dans son roman sa propre philosophie, fortement teintée de christianisme : ainsi l'importance donnée à la pitié et à la miséricorde. C'est grâce à ce sentiment que, par exemple, la créature nommée Gollum est épargnée, ce qui aboutit finalement au succès de la Quête. La méfiance envers l'appétit du pouvoir et le désir de possession et, à l'inverse l'importance donnée aux forces naturelles, au respect de la nature symbolisée par les magnifiques personnages des Ents, les hommes-arbres, trouvent également une résonance particulière au moment de la publication du roman et sans doute encore plus aujourd'hui. C'est ainsi qu'après la publication en Grande-Bretagne, une sortie « pirate » aux États-Unis procure un nouvel élan au roman. Circulant d'abord dans les campus, *Le Seigneur des Anneaux* devient un des romans phares de la contre-culture. Des graffitis apparaissent, comme « Frodo Lives ! » (« Frodo est vivant »). Puis le phénomène s'étend progressivement au monde entier, la première édition française ayant lieu, quant à elle, en 1972.

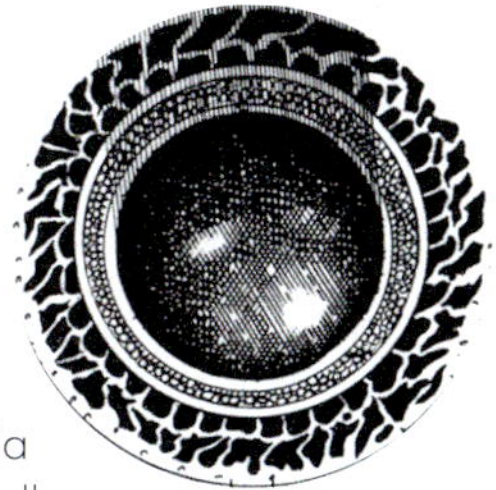

Figurine représentant Gandalf.

LES QUATRE ÂGES DU MONDE

L'univers imaginé par Tolkien se déroule sur une très longue période de plusieurs milliers d'années. Chaque conte, récit ou roman se situe dans une période précise. Tolkien distingue plusieurs époques, nommées « Âges ». Il en existe quatre que l'on peut résumer ainsi :

Le Premier Âge est celui qui suit la création du Monde et l'apparition du Temps. C'est l'époque du *Silmarillion*. Cet âge se termine par la dernière guerre contre Morgoth, précipité dans le vide.

Le Deuxième Âge est marqué par la réapparition de Sauron et l'établissement des Hommes sur l'île de Numenòr. Sauron forge les anneaux de pouvoir, livre une guerre contre les Elfes, puis pousse les Numenòriens

Le Seigneur des Anneaux © New Line Cinema

Sauron au Deuxième Âge.

à conquérir Valinor. S'ensuit un cataclysme qui engloutit l'île. Les survivants trouvent refuge en Terre du Milieu. La Dernière Alliance abat Sauron, mais l'anneau n'est pas détruit.

Le Troisième Âge est celui dans lequel se déroulent *Bilbo le Hobbit* et *Le Seigneur des Anneaux*. Toutefois, ces deux récits ont lieu à la toute fin de cette ère, marquée par la grandeur et le déclin des royaumes des hommes, la migration des Hobbits dans la Comté, et le retour inexorable des forces obscures. Cet âge se termine par la destruction de l'Anneau Unique.

Le Quatrième Âge, à peine évoqué par Tolkien et uniquement dans des annexes, voit l'établissement de la domination des Hommes en Terre du Milieu, sous le règne du roi Elessar, et le départ des Elfes.

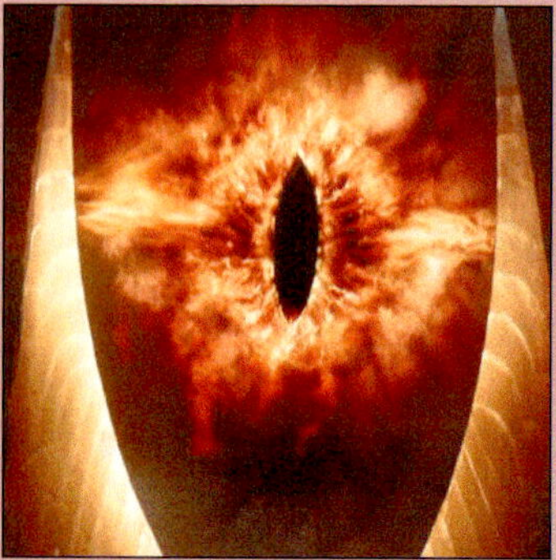

Le Seigneur des Anneaux © New Line Cinema

L'œil de Sauron.

PROBLÈMES DE TRADUCTION

Paradoxe : alors que Tolkien fait des langues l'un des principaux ressorts de toute son œuvre, sa traduction en français se révèle particulièrement funeste. C'est surtout *Le Seigneur des Anneaux*, dans la traduction de Francis Ledoux, qui pose notoirement problème. La cause est peut-être à rechercher dans la singularité même de l'ouvrage qui n'avait guère d'équivalent. La valeur proprement littéraire de cette traduction qui date de plus de trente ans n'est d'ailleurs pas en cause. Ce sont plutôt ses innombrables erreurs, coquilles et contresens.

Le Seigneur des Anneaux © New Line Cinema

Arwen à Rivendell.

Ainsi dans le simple deuxième chapitre des *Deux tours*, Eomer peut devenir Eomir, ou bien encore « Isildur Elendil's Son », qui signifie « Isildur, fils d'Elendil », devient « Le fils d'Isildur Elendil ».

Plus gênant peut-être, le parti pris (contrairement au souhait de Tolkien)

Le Seigneur des Anneaux © New Line Cinema

Frodo et Sam.

de traduction systématique en français de la plupart des noms de lieux et de personnes. Cette francisation, qui cherche à respecter le sens des noms, est parfois maladroite (Strider, à la superbe sonorité, est traduit en un lourdaud Grand-Pas, Rivendell devient Fondcombe), parfois totalement inutile (Bilbo devient Bilbon, Frodo devient Frodon).

Les autres ouvrages de Tolkien n'ont heureusement pas été traduits selon le même protocole. Même *Bilbo le Hobbit* dont la traduction, antérieure à celle du *Seigneur des Anneaux*, a pourtant également été effectuée par Francis Ledoux. Il en résulte une confusion générale et de grandes difficultés pour les lecteurs qui ne peuvent se référer à la version originale, en attendant une indispensable révision de la traduction française de *Lord of the Rings*.

TOLKIEN EST-IL RACISTE ?

La question mérite d'être posée tant certains aspects du *Seigneur des Anneaux* semblent problématiques. On relève ainsi l'insistance de Tolkien à décrire des races entièrement positives (les Elfes) et d'autres, au contraire, totalement négatives, viles, abjectes, comme celle des Orques. De même concernant les Hommes, Tolkien valorise les hommes de « haute lignée », comme les descendants directs des Numenòriens, et les oppose à ceux passés du côté de Sauron, généralement des « Orientaux » ou des hommes « basanés ». Si bien souvent la littérature d'*Héroïc-Fantasy*, et même de science-fiction, a versé dans ce travers (dénoncé avec force par Norman Spinrad dans son roman *Rêve de Fer*), on ne peut le reprocher à Tolkien, si on lit attentivement son roman. En bien des occasions, il rappelle que « rien n'est totalement mauvais » à l'origine, même Sauron. Les Orques sont en fait des Elfes dénaturés par le Seigneur Ténébreux. Quant aux « mauvais hommes », Tolkien s'attarde un moment sur l'un d'eux, tombé au combat, à travers le regard de Sam : « Il se demanda comment s'appelait l'homme et d'où il venait, s'il avait vraiment le cœur mauvais, ou quelles menaces ou mensonges l'avaient entraîné [...] hors de son pays, et s'il n'aurait pas vraiment préféré y rester en paix ». La fin de la Guerre de l'Anneau est d'ailleurs un démenti au mythe de la « pureté des races ». Aragorn, un Homme, épouse une Elfe, Arwen. De ce fait, l'avenir de la Terre du Milieu passe par une forme suprême de métissage.

Les Orques.

La Bouche de Sauron.

TOLKIEN VS SHAKESPEARE

Si Tolkien exprime en de nombreuses occasions son admiration et sa dette envers les grandes sagas épiques, de *Beowulf*, dont il est un spécialiste, jusqu'à *Sire Gauvain* et le *Chevalier Vert* dont il a établi une édition savante, il est en revanche fort critique envers la référence absolue en matière de génie littéraire anglais : William Shakespeare. *Macbeth*, en particulier, est régulièrement l'objet de ses reproches. Tolkien critique en effet Shakespeare pour sa manière de ne pas aller jusqu'au bout d'une démarche qui s'apparenterait à l'invention d'un véritable récit légendaire et mythologique. Les Sorcières, par exemple, sont considérées par Tolkien comme insupportables en représentation théâtrale.

Dans *Le Seigneur des Anneaux*, il fait deux références explicites à *Macbeth*, reprenant à son compte des passages célèbres pour leur donner la dimension qu'il aurait voulu y trouver. Ainsi, la marche des Ents sur

Le Seigneur des Anneaux © New Line Cinema

La marche des Ents.

Le Seigneur des Anneaux © New Line Cinema

Eowyn.

l'Isengard est une reprise de la « forêt qui avance » sur la forteresse de Macbeth, sauf que chez Tolkien, ce sont vraiment des arbres qui marchent, et non des hommes portant des branchages pour se dissimuler. De même, Macbeth se croit invincible en raison de la prophétie des sorcières qui lui ont annoncé qu'« aucun homme né d'une femme » ne peut le tuer. Macbeth est finalement battu par Macduff, qui a été retiré du ventre de sa mère avant terme. Chez Tolkien, la même prophétie guide le Seigneur des Nazgûls, jusqu'à ce qu'il se retrouve face... à une femme : Eowyn de Rohan.

Dans son film, Peter Jackson a pris conscience de la paradoxale dimension shakespearienne de l'œuvre de Tolkien. Il développe le personnage de Grima Wormtongue, superbement incarné par Brad Dourif, et le hisse à la hauteur de Iago ou de Richard III.

VISUALISER LA TERRE DU MILIEU

LES ILLUSTRATEURS

À l'exception des cartes qu'il dessinait lui-même et qu'il insistait pour voir figurer dans ses livres, Tolkien n'était pas particulièrement favorable aux illustrations, même s'il possédait lui-même un certain talent de dessinateur.

Mais l'univers de la Terre du Milieu se révèle si riche qu'il a naturellement appelé une mise en image. Cela semble naturel pour *Bilbo le Hobbit*, comme pour tout ouvrage destiné à la jeunesse, et qui de fait a connu de très nombreuses éditions illustrées. Mais cela est encore plus vrai pour *Le Seigneur des Anneaux*. L'œuvre fourmille en effet de détails géographiques, géologiques ou ethnographiques, mais dans le même temps laisse une grande part d'imagination au lecteur, qui doit « compléter le tableau », ce que se sont empressés de faire bon nombre d'artistes. Le phénomène le plus intéressant, concernant *The Lord of the Rings*, est que l'iconographie que l'ouvrage a suscitée déborde le simple cadre matériel du livre. De fait, beaucoup de peintres et dessinateurs ne se sont pas contentés d'effectuer des illustrations destinées à une édition d'un ouvrage de Tolkien, mais ont égale-

Calendriers des frères Hildebrandt.

Carte du Middle Earth (la Terre du Milieu), Le Seigneur des Anneaux.

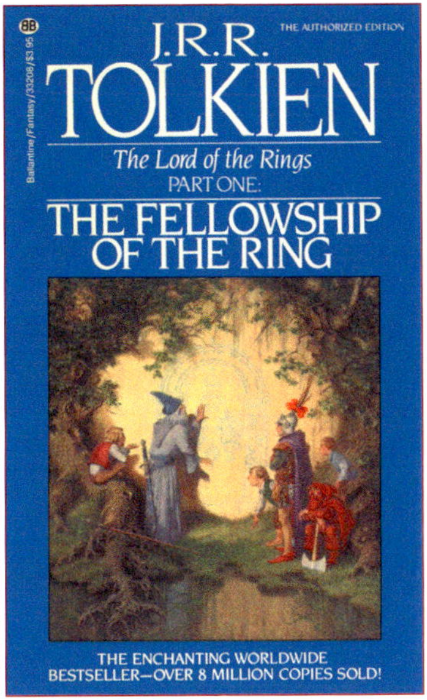

Couverture illustrée par Darrell K. Sweet.

ment réalisé des œuvres indépendantes (pour des calendriers, ou tout simplement des peintures individuelles). Des dizaines d'artistes se sont ainsi inspirés de l'œuvre de Tolkien, dans des styles les plus divers. On peut ainsi citer le Néerlandais Cor Blok, qui a réalisé une centaine de gouaches inspirées du *Seigneur des Anneaux*, dont la technique faussement naïve en à-plat évoque parfois la tapisserie de Bayeux. Presque à l'opposé, un artiste d'une génération comme Michael Kaluta, qui vient de la bande dessinée (en particulier pour les « DC Comics » tels *Batman* ou *The Shadow*), possède un style beaucoup plus épique, proche de Frazetta ou Druillet. Un autre grand artiste, Lode Claes, évoque l'aspect mystique de Tolkien. Toutefois, les deux plus grands noms, parmi tous les dessinateurs et peintres ayant travaillé sur l'œuvre de Tolkien, sont incontestablement John Howe et Alan Lee. Howe a réalisé régulièrement des calendriers, des jaquettes de couverture. Quant à Alan Lee, il est devenu le dessinateur « officiel » de Tolkien depuis qu'il a réalisé la célèbre édition, dite « du centenaire », du *Seigneur des Anneaux*. La splendeur de ses images, à la fois fidèles au texte et d'une grande puissance d'évocation, va fixer en grande partie la visualisation de la Terre du Milieu, en attendant que le cinéma ne s'en empare à son tour.

Couverture illustrée par Alan Lee.

LE SEIGNEUR DES ANNEAUX : UN FILM IMPOSSIBLE

Bien plus que *Bilbo le Hobbit* qui, en raison de son statut de « livre pour enfants » semblait réservé à un marché limité, *Le Seigneur des Anneaux* a depuis longtemps tenté des producteurs et des cinéastes. Parmi ceux-ci figuraient entre autres Stanley Kubrick et surtout John Boorman. Tous ont reculé devant les énormes difficultés du projet. Celles-ci étaient de deux ordres. Sur un plan purement scénaristique, il s'agissait d'adapter un énorme roman, aux personnages multiples et à la construction complexe. Les difficultés techniques étaient encore pires, la principale étant les différences d'échelles

Ator, *David Hills.*

entre les personnages (rappelons que les Hobbits sont des adultes de la taille d'un enfant, mais différents des nains, et qui doivent être aux côtés d'hommes, d'elfes, etc.). À la place du *Seigneur des Anneaux*, Boorman tournera *Excalibur*, sur le roi Arthur et le mythe du Graal. Ne pouvant adapter Tolkien, nombre de cinéastes réalisent des films « tolkieniens », c'est-à-dire reprenant de nombreux éléments de son univers. Le plus célèbre d'entre eux est *Willow*, réalisé en 1988 par Ron Howard, et produit par George Lucas, auteur de la saga *Star Wars* (l'autre grande mythologie contemporaine). Le héros en est un être de petite taille (un « Nelwyn »), luttant contre des puissances ténébreuses, aidé par une

Willow, *Ron Howard.*

petite compagnie rassemblée par un magicien... La mode de l'*Héroïc-Fantasy* des années quatre-vingt va également donner lieu à de nombreuses séries B réalisées en Italie, comme *Ator*, de David Hills (1982), qui entraîne son héros à lutter contre une gigantesque araignée en Mordor.

Le Seigneur des Anneaux, *Ralph Bakshi.*

Ralph Bakshi

La première adaptation cinématographique du *Seigneur des Anneaux* est un film d'animation réalisé par Ralph Bakshi en 1978. A priori, l'idée de transposer Tolkien en animation pouvait être excellente, car elle permettait ainsi de réduire considérablement les difficultés purement techniques signalées précédemment. Bakshi semblait être le cinéaste idéal pour cette expérience.

Réalisateur issu de la « contre-culture » américaine, celle-là même qui avait adopté de roman de Tolkien comme une œuvre de référence, Bakshi s'était fait connaître en réalisant le premier dessin animé « pour adultes », *Fritz the Cat*. Avant d'aborder Tolkien, il avait réalisé un excellent film, au croisement de la science-fiction et de la *fantasy* : *Wizards* (*Les Sorciers de la Guerre*).

Le Seigneur des Anneaux, *Ralph Bakshi.*

De l'avis presque unanime, la version de Bakshi, est un échec qui met d'autant plus en relief la singularité radicale du roman. Comme à son habitude, Bakshi mêle deux types d'animation : une « traditionnelle » et une autre utilisant le « rotoscope », outil permettant de retravailler graphiquement des prises de vues réelles. Le problème vient principalement de l'animation traditionnelle. Bakshi, pour figurer les personnages, opte pour un graphisme « disneyen » qui réduit les hobbits à un état infantile, et Gandalf en une pâle copie de Merlin l'Enchanteur. Seuls les Nazgûls, des plans d'ensemble qui évoquent parfois Brueghel, et quelques scènes de bataille parviennent à une certaine efficacité. Paradoxalement, l'animation qui permet de faire coexister des personnages de tous types et de toutes tailles, enlève l'une des principales forces du livre : l'effet de réel. De plus, le film qui fait déjà des coupes claires dans le roman, s'achève sans prévenir à mi-parcours du récit. Les dimensions épiques, mystiques et philosophiques, ainsi que tout le substrat fourni par Tolkien, sont totalement absents de cette version. Bakshi, qui pensait à l'origine tourner un second film pour clore le récit, arrêtera là son adaptation.

À la place, il tournera quelques années plus tard *Fire and Ice (Tygra, la glace et le feu)*, en association avec le dessinateur Frank Frazetta.

Peter Jackson.

PETER JACKSON

Le succès mondial de la version du *Seigneur des Anneaux* réalisée par Peter Jackson repose sur une approche radicalement différente du roman, qui aurait été impossible à l'époque de Bakshi (et même encore il y a une dizaine d'années).

L'histoire de la pré-production du film est en elle-même révélatrice et témoigne des enjeux à la fois artistiques et économiques. Après l'écriture d'une première version du scénario, Jackson commence à effectuer les démarches auprès des sociétés de production. Il vient lui-même d'une forme de contre-culture. S'il a réalisé auparavant des œuvres relativement consensuelles comme *Créatures célestes* ou *Fantômes*

Le Seigneur des Anneaux © New Line Cinema

Gandalf dans la Moria.

contre fantômes, il est aussi l'auteur d'une trilogie pulvérisant les limites dans le « trash » et le « gore » : *Bad Taste*, *Brain Dead* et *The Feebles* (une parodie scatologique des Muppets).

La première version de Jackson prévoit, de réaliser deux films. Après réflexion, les frères Weinstein (de Miramax), à l'origine du projet, préfèrent condenser le tout en un seul film, ce que Jackson juge impossible. Le projet passe alors chez New Line où la décision est prise de faire non pas deux mais trois films, à la manière de la trilogie d'origine. D'une certaine manière, le projet cinématographique rejoint ainsi le projet littéraire par son ampleur comme par son originalité.

Le Seigneur des Anneaux de Peter Jackson résout brillamment les deux difficultés sur lesquelles achoppaient toutes les tentatives précédentes.

Concernant l'aspect visuel proprement dit, il est évident que le film appartient à cette nouvelle génération d'œuvres cinématographiques utilisant les ressources presque infinies du numérique. L'emploi des images créées ou modifiées par l'ordinateur permet de régler toutes les difficultés liées aux différences d'échelle, à la coexistence du réel et de la *fantasy* la plus pure.

Peter Jackson et son équipe « WETA digital » sont parvenus à rendre réel et vraisemblable l'univers de la Terre du Milieu.

L'autre enjeu concernait le scénario proprement dit. La décision prise de réaliser trois films permettait de respecter au maximum le roman. Pourtant, les grands lecteurs de Tolkien auront remarqué nombre de changements, sans que l'on puisse parler de trahison. En fait, les trois scénaristes (Peter Jackson, Fran Walsh et Philippa Boyens) ont repris à leur compte les règles de l'adaptation fixées empiriquement par le producteur américain David O. Selznick à l'époque du tournage d'*Autant en emporte le vent*. On peut résumer ainsi ces principes : ne pas hésiter à faire des coupes massives, ne pas inventer de nouvelles scènes. La version filmée par Peter Jackson semble être une parfaite illustration de cette technique. Malgré la longueur des films, deux grandes parties ont été totalement supprimées : l'épisode chez Tom Bombaldil et la libération, par les Hobbits, de la Comté occupée. Beaucoup de dialogues ont été inversés, des personnages modifiés. Pourtant, l'impression de fidélité est totale et constante.

Cette dernière tient également à la collaboration de deux artistes déjà fortement impliqués dans l'univers de Tolkien : John Howe et Alan Lee, engagés comme « artistes conceptuels », c'est-à-dire en charge des décors et des accessoires visuels. Leur apport amène ainsi une forme de continuité visuelle menant du livre (qu'ils ont illustré) au film. L'arrivée de Gandalf dans la

Le Conseil d'Elrond.

Comté, par exemple, semble être une reprise d'un dessin de John Howe.
À tous ces éléments s'ajoute une expérience inédite : celle de la sortie de la trilogie en DVD. L'édition de chaque film s'est faite en deux temps. D'abord la version distribuée dans les salles de cinéma, puis une version considérablement enrichie de « bonus » et une version considérablement plus longue de chaque épisode. Au-delà de l'aspect purement commercial, on peut voir dans ce processus un équivalent aux éditions successives du roman que Tolkien a enrichi régulièrement de compléments et d'information. Symboliquement, les « bonus » des éditions sont intitulés « annexes », comme les addenda du roman. Pour le film lui-même, la version « longue » des trois épisodes cumulés atteint les onze heures de projection, ce qui crée finalement un objet cinématographique unique et prodigieux.

Le Seigneur des Anneaux © New Line Cinema

L'armée des Hommes.

Le Seigneur des Anneaux © New Line Cinema

Les « Mumaks », ou « Oliphants ».

UNIVERSALITÉ DE TOLKIEN

Le film de Peter Jackson est une sorte d'apothéose pour l'œuvre de Tolkien. Sa popularité était déjà grande, elle est devenue quasiment planétaire. L'univers du professeur d'Oxford s'était déjà largement répandu, ne serait-ce que par les jeux de rôles. La « matrice » de *Donjons et Dragons* est très largement inspirée de l'univers de la Terre du Milieu. *Le Seigneur des Anneaux* est à son tour décliné sous la forme de jeux de plateau, ou vidéo. L'importance des jeux est un symptôme particulièrement révélateur, car ils complètent les versions cinématographiques : les personnages, les elfes ou les orques, les sorciers et les héros, sont désormais devenus indépendants de l'œuvre littéraire d'origine. Au-delà de l'aspect anecdotique des nombreux clubs de fans qui apprennent à parler en elfique, l'univers de Tolkien fait désormais partie de l'imaginaire de millions de personnes à travers le monde. Tolkien rêvait d'une mythologie pour l'Angleterre. Il a fait mieux : il a donné naissance à un mythe universel.

LES LANGUES DE TOLKIEN

La création de nouvelles langues, avec vocabulaire, syntaxe et grammaire, est à la base du projet littéraire de Tolkien. On peut très succinctement les présenter ainsi :

Les Elfes, utilisent plusieurs langues. En Terre du Milieu, à la fin du Troisième Âge, ils parlent le Sindarin. Le Quenya, la « Haute Langue », est en quelque sorte la langue sacrée, remontant au Premier Âge. C'est dans cette langue, que Frodo s'exprime lors de sa première rencontre avec les Elfes après son départ de la Comté : *Elen sila lùmenni, omentielvo*, « une étoile brille sur l'heure de notre rencontre ».

Un Ent.

Galadriel dessinée par Hildebrant.

Tolkien pousse le raffinement jusqu'à provoquer parfois des erreurs de traduction. Ainsi la célèbre inscription sur les portes de la Moria : *Pedo mellon a minno*, que Gandalf traduit d'abord par « Parlez, ami, et entrez » (sous-entendant un mot de passe), alors que la bonne traduction est : « Dîtes "ami" et entrez ».

Les Ents utilisent un langage complexe dont la principale difficulté réside dans une syntaxe insolite et une propension à l'allongement de toutes les expressions : *Taurelilomëa – tumbalemorna Tumbaletaurëa Lomëanor*. On reconnaît des racines de Haut-Elfique, puisque ce sont les Elfes qui ont « éveillé » les Ents.

LES LANGUES DE TOLKIEN

Les Nains ont un langage secret, de même que leurs « véritables noms » qu'ils ne communiquent à personne. Leur langue est totalement différente de celle des Elfes. On en trouve une seule occurrence lorsque Gimli, en pleine bataille, lance : *Baruk Khazâd ! Khazâd aimênu !*, « Les haches des nains ! Les nains sont à tes trousses ! ».

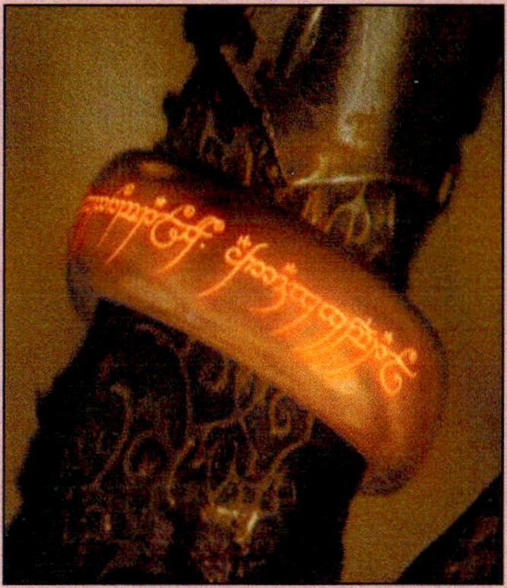

L'Anneau Unique.

Le « Noir Parler » est une tentative de création de sa propre langue par Sauron, à partir des dialectes orques. L'inscription sur l'anneau est rédigée en cette langue, mais écrite avec des caractères elfiques : *Ash nazg durbatulûk, ash nazg gimbatul, ash nazg thrakatulûk agh bruzum ishi krimpatul.*

Sam et Frodo.

Les Hobbits et la plupart des **Hommes** utilisent le parler ordinaire que Tolkien nomme le Westron, qui a lui-même connu de nombreuses variantes. Ainsi les habitants de Rohan utilisent en plus un langage ancestral. De même les hommes sauvages possèdent un idiome particulier. Ce « Langage Commun » est celui dont le roman ne présente aucun exemple, car Tolkien précise qu'il s'agit de la « langue d'origine » du récit dont le roman n'est que la « traduction » en anglais.

J.R.R. Tolkien.

BIBLIOGRAPHIE

OUVRAGES DE J.R.R. TOLKIEN

Principaux ouvrages publiés du vivant de Tolkien

(Les dates indiquées sont celles des premières éditions anglaises)

- *Bilbo le Hobbit* (1937)
- *Feuille, de Niggle* (récit, 1945)
- *Le Fermier gilles de Ham* (1949) (réédité en français dans le recueil *Fäerie*, qui contient également *Feuille* et l'essai *Du conte de fée*)
- *Le Seigneur des Anneaux* (1954 – 1955)
- *Les Aventures de Tom Bombaldil* (poèmes, 1962)
- *Smith de Grand Wooton* (1967)

Principaux ouvrages posthumes

- *Les Lettres du Père Noël* (1976)
- *Le Silmarillion* (1977)
- *Contes et légendes inachevés* (1980)
- *Le Livre des contes perdu (histoire de la terre du milieu, I)* (1983)
- *Le Second Livre des contes perdus (histoire de la terre du milieu, II)* (1984)
- Les œuvres de Tolkien ont été éditées en France par Christian Bourgois et sont disponibles en éditions de poche (Pocket)

OUVRAGES CONSACRÉS À TOLKIEN

Nous n'indiquons ici que quelques ouvrages de référence.

- Carpenter (Humphrey) : *JRR Tolkien, une biographie*, Christian Bourgois 1980
- Ferré (Vincent) : *Tolkien : sur les rivages de la terre du milieu*, Pocket Agora 2001
- Kocher (Paul H.) : *Le royaume de la terre du milieu – les clés de l'œuvre de J.R.R. Tolkien*, Retz 1972
- Ridoux (Charles), *Tolkien*, Encrage 2003

FILMOGRAPHIE

- **Le Seigneur des Anneaux** (The Lord of the Rings) ré : Ralph Bakshi, 1978 *(DVD : Warner)*
- **Le Seigneur des Anneaux** (The Lord of the Rings), réalisation : Peter Jackson

- La communauté de l'anneau (The Fellowship of the Ring), 2001
- Les deux tours (The Two Towers), 2002
- Le retour du roi (The Return of the King), 2003

(DVD : Metropolitan, version « normale » et version « longue »)

SITES INTERNET

www.tolkiensociety.org www.leseigneursdesanneaux.com www.tolkiendil.com

Couverture :
– Sam et Frodo, Lord of the Rings © New Line Cinema
– Bilbo et Gandalf © Patrick Gély
– J.R.R. Tolkien © D.R.

Réalisation graphique : Stéphanie Grieu

Dépôt légal : septembre 2005

Imprimé en Espagne